簡単おいしい

はじめて
レシピ

10歳からのキッチンの教科書1

おそく起きた日曜日。
「お母さーん、おなかがすいたー。
何かつくって〜」
ボクは、ねぼけたままキッチンへ
向かうと……。

JN039850

なぞのおじさんがとつぜん、
目の前に現れました。
「お母さんは、さっき
　買い物に出かけたぞ」
まだ夢を見ている
のかと思ったボクは、
ほっぺをつねってみましたが、
目の前にいるおじさんは、
しゃべり続けています。

「私は、世界を飛び回る
　料理の伝道師、
　ミスター クックだ。
　『おなかがすいたー』って
　いうキミの声が
　聞こえたから、
　はるばるやってきたんだ」

「えっ！ ボクに料理をつくってくれるの？」
「ちがーう！ つくるのはキミだ。
　私は、料理を教える先生だ」
「料理なんてムリムリ！」
「そんなことはない。
　きちんと料理のきほんを覚えれば、
　簡単に おいしい料理が
　つくれるようになるぞ」
「ほんとに？」

「キミの好きな料理はなんだい?」

「うーん。オムレツ、カレーライス、
　肉じゃが、ナポリタン……」

「それ、全部自分でつくれたら
　スゴイと思わんか?」

「うん! でも、ボク、料理なんか
　したことないよ。
　包丁も持ったことがない」

「心配ご無用。そんなキミに、
　優秀なアシスタントを用意するぞ」

そう言って、
なぞのじゅ文を唱え始めた
ミスター クック。

すると、庭で飼っている
犬のマロンが目の前に現れました!

「きょうから、マロンが
　キミの相棒だ。こまったときは
　助けてくれるぞ」

「よろしくワン!」

「わっ、マロンがしゃべったー!!」

「おどろいているヒマはない。
　さっそく、レッスンを始めるぞ!」

「はい! クック先生」

3

もくじ

身支度を整えよう …………………………… 6

ステップ 1

料理のきほん ……………………… 7

［ 包丁の使い方をマスター ］
　包丁で野菜を切ってみよう！ ………………… 8

［ 切り方いろいろ！ ］包丁レッスン ………… 10

［ はかり方をマスター ］
　材料や調味料を正しくはかってみよう！ …… 12

［ はかってつくろう！ ］簡単ドレッシング …… 14

ステップ 2

ゆでる ……………………………… 15

ゆでたまご ………………………………… 16
ポテトサラダ ……………………………… 18
三色ナムル ………………………………… 20

ステップ 3

焼く・いためる ………………… 25

ミニホットドッグ ………………………… 26
チーズオムレツ …………………………… 28
焼きうどん ………………………………… 30

ステップ 4

にる ……………………………… 33

ポトフ ……………………………………… 34
ほうれんそうとツナのパスタ …………… 36
チキンカレー ……………………………… 38

ステップ5
チャレンジレシピ ………… 42

ほうれんそうのパンキッシュ ……………………… 43/48
たらこスパゲッティ ………………………………… 42/50
肉じゃが ……………………………………………… 44/52
ハヤシライス ………………………………………… 45/54
ナポリタン …………………………………………… 46/56
ミートボール クリームソース ……………………… 47/58

びっくりレシピ
カラフルエッグをつくろう！ ……………………… 22
たまご1こでツイン目玉焼きをつくろう！ ……… 32
カッテージチーズをつくろう！ …………………… 40

キッチンメモ
お湯から？　水から？　この野菜どっちからゆでる？ ……… 24
「料理のさしすせそ」ってなに？ ………………… 41
覚えておくと役に立つ　料理用語をチェック！ ………… 60
料理の後はかたづけ上手を目指そう！ …………… 62

(料理をするときの約束事)

▶ 調理台の上は、作業がしやすいように整理しよう。
▶ 野菜は必ずよく洗ってから使おう。
▶ 肉や魚などの生ものを切るまな板と、
　野菜を切るまな板は分けて使おう。
▶ 生ものをさわった手は、そのつどよく洗うこと。
　また、生ものを入れた器は、食器用洗ざいでしっかり洗おう。
▶ 料理をするときは、「火はおとなの人がいるときに使う」
　「かたづけまできちんと行う」など、自分のおうちのルールに
　したがってね。

※この本に出てくる電子レンジの調理時間は、600ワットのものです。500ワットの場合は、約1.2倍、700ワットの場合は、約0.8倍にしてください。
※この本で使用している計量カップは、200mℓ、計量スプーンは、大さじ15mℓ、小さじ5mℓです。1mℓ＝1cc。
※はちみつおよび、はちみつをふくむ食品は、1歳未満の乳児には食べさせないでください。

身支度を整えよう

料理をするときは、安全で、清潔であることがとても大切だよ。
事前にしっかり、身支度のチェックをしよう！

▶ **エプロンはつけたかな？**

料理をするときは、食材や料理にほこりなどが入らないように、エプロンをつけよう。また、服がよごれたり、ぬれたりするのを防いでくれるよ。

▶ **かみの毛が落ちないように注意！**

かみの毛が落ちないように、三角きんやバンダナをつけよう。かみの毛が長い人は、ゴムなどで結んでおこう。

▶ **服のそではまくっておこう！**

そでが長いと、調理道具などにひっかかったりして危険だよ。長そでの服を着ているときは、うでまくりをしておこう。

▶ **手はしっかり洗ったかな？**

料理をする前に、必ず手をきれいに洗ってね。つめがのびていないかも確認しよう。つめがのびていたら、短く切っておこうね。

☑ 必要に応じて、マスクをつけよう。

（ この本の使い方 ）

火加減をチェック

この本では、強火、中火、弱火の3段階で火加減を表しているよ。写真についているマークを参考にして、火加減を調節しよう。

切り方をチェック

包丁の使い方や切り方がわからない場合は、8、10、11ページを参考にしてね。

ポイントをチェック

つくり方のポイントを解説しているよ。

料理用語をチェック

つくり方の中には、料理でよく使う言葉が出てくるよ。下線が引いてある言葉が出てきたら、60ページの料理用語をチェックしてみよう。

火加減のマーク

強	中
強火	中火
弱	止
弱火	消火

☑ 火加減については、27ページも見てね。

料理の
きほん

まずは料理のきほんのき。
包丁を初めて使うキミは、ここから始めよう！

包丁で野菜を切ってみよう！

包丁の正しい使い方を覚えながら、
おいしいサラダをつくってみよう！

まずは、簡単な輪切りにちょう戦！

カラフルサラダ

材料（1人分）

レタス	1枚（40g）
きゅうり	¼本（25g）
ミニトマト	2こ
コーン（かんづめ・ホール）	10g
スライスチーズ	½枚

用意するもの

ぬき型（花形など）

切る前にチェック

包丁を利き手で持ち、もう片方の手は
「ねこの手」にして食材をおさえる。

チェック1

ねこの手のように指先を丸め、包丁にそわせる。指先を広げないように気をつけて！

チェック2

まな板の下に、水でぬらしてかたくしぼったふきんをしいておこう。まな板がすべりにくくなるよ。

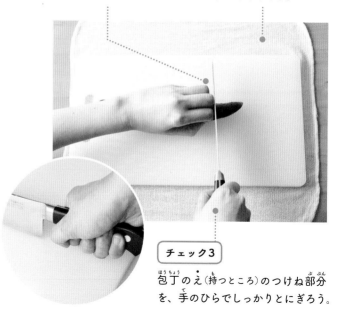

チェック3

包丁のえ（持つところ）のつけね部分を、手のひらでしっかりとにぎろう。

つくり方

1

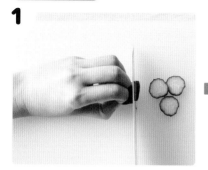

きゅうりをはしから5mmはばに切っていく。
☑この切り方が輪切りだよ。

きゅうりが短くなったら、指を立てるようにしてしっかりおさえよう。

2

ミニトマトは手でへたをとり、たて半分に切る。

ドレッシングの
つくり方は、
14ページを見てね。

チーズは直前まで冷蔵庫で
しっかり冷やしておくと、型
をぬくときにくずれにくいよ。

3

レタスは冷水にひたしパリッとさせ
る。水けをキッチンペーパーでふい
たら、食べやすい大きさにちぎる。

4

スライスチーズは花形に型ぬきをし、
残りは手でちぎる。皿にレタス、
きゅうり、ミニトマト、コーン、チー
ズを盛りつける。

キッチンメモ

包丁をおくときは？

落としたりしないように、刃
先を自分と反対側に向け、ま
な板のおくにおいておこう。

9

包丁レッスン

代表的な切り方をしょうかいするよ。料理のとちゅうで、切り方がわからなくなったら、ここをチェックしてね。主な野菜を例に説明するよ。

半月切り

にんじんをたて半分に切る。平らな面を下にして、はしから同じ厚さに切っていく。

いちょう切り

にんじんをたて半分に切る。平らな面を下にして、さらにたて半分に切る。

切ったにんじんをしっかりおさえ、はしから同じ厚さに切っていく。

ななめ切り

きゅうりをしっかりおさえ、包丁をななめにして、はしから同じ厚さに切っていく。

短冊切り

5cmくらいの長さに切ったにんじんを立て、はしから1cmのはばに切っていく。

切ったにんじんをさらに、はしから2mmくらいのはばに切っていく。

うす切り

たまねぎをたて半分に切る。平らな面を下にして、はしからうすく切っていく。

角切り

じゃがいもをはしから同じはばに切っていく。

✅ 1cm角のものを「さいの目切り」とも言うよ。

切ったじゃがいもをさらに、はしから同じはばに切る。向きを変え、もう一度同じはばに切っていく。

くし形切り

トマトをたて半分に切る。平らな面を下にして、たて半分に切る。皮を下にしてもう半分に切る。

ざく切り

キャベツをはしから3〜4cmはばに切っていく。

向きを変え、はしから3〜4cmはばに切っていく。

みじん切り

たまねぎをたて半分に切り、平らな面を下にしておく。根の部分を3cmほど残し、はしから5mmはばに切り目を入れる。

向きを変え、はしから5mmはばに切っていく。切り目がなくなった部分は、うす切りにする。

片方の指で包丁の先を軽くおさえ、上下に細かく動かしながら全体をさらに切っていく。

せん切り

キャベツの葉を数枚重ね、くるくると丸める。

丸めたキャベツをしっかりおさえ、はしから細く切っていく。

ヘタやしんをとる
（トマトやたまねぎの場合）

たて半分に切り、ヘタやしんを下にしておく。包丁の先でハの字になるように切りとる。

チャレンジ

皮をむいてみよう！

皮むき器（ピーラー）の場合

皮むき器のえ（持つところ）を利き手でしっかりにぎる。もう一方の手で大根をしっかりおさえ、皮むき器をゆっくり引いて、皮をむいていく。
皮むき器はすべりやすいので、指を切らないように注意しよう。

包丁の場合

包丁を利き手で持ち、刃元の部分を皮にあて親指をそえる。じゃがいもを持つ手を少しずつ回しながら、皮をむいていく。

じゃがいもは芽をとりのぞこう！

〈芽をとる〉
包丁の刃元の角を芽の部分に差しこみ、えぐるようにしてとりのぞく。

▶ はかり方をマスター

材料や調味料を正しくはかってみよう!

料理づくりに欠かせない計量スプーンや計量カップの使い方をマスターしよう。

どうして、正しく
はからなきゃいけないの?

材料や調味料を
きちんとはかることが、
おいしい料理をつくる
きほんなんじゃ!

計量スプーン

（大さじ1＝15㎖　小さじ1＝5㎖）

〈粉類をはかる〉

大さじ・小さじ 1 ぱい

山盛りにすくい、ほかのスプーンのえ（持つところ）などで表面を平らにすり切る。

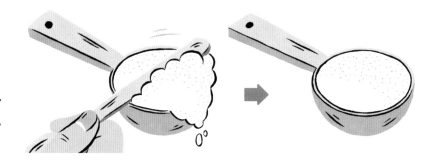

大さじ・小さじ 1/2 ぱい

1ぱいをはかってから、ほかのスプーンのえ（持つところ）などで半分に線を引き、半分をかき出す。

大さじ・小さじ 1/4 ぱい

1ぱいをはかってから、ほかのスプーンのえ（持つところ）などで4等分に線を引き、4分の3の量をかき出す。

〈液体をはかる〉

大さじ・小さじ **1** ぱい

表面が盛り上がり、スプーンからこぼれる直前まで入れる。

大さじ・小さじ **1/2** ぱい

スプーンの底が丸いので、3分の2の深さまで入れるとちょうど半分の量になる。

計量カップ

（カップ1＝200ml）

平らなところにおいて、カップの目盛りを真横からの目線で見る。

はかり

先に器をのせて、目盛りを0gに合わせてから、材料をのせる。この機能がない場合は、器の重さを引くことを忘れずに。

キッチンメモ

塩少々と塩ひとつまみってどれくらい？

少々＝2本の指
親指と人さし指でつまんだ量が少々の目安。0.5〜0.6g。

ひとつまみ＝3本の指
親指と人さし指、中指でつまんだ量がひとつまみの目安。約1g。

この本では、少々よりももっと少ない量のときは「少し」と表記しているよ。塩の場合は少々の約半量を目安にしてね。

※子どもの指の場合、つまめる量が少ないよ。少しずつ入れて味見をしながら調節しよう。最初ははかりを使うと正確だよ。

簡単ドレッシング

はかり方を覚えたら、さっそく手づくりの
ドレッシングをつくってみよう!

ごまポンドレッシング

はかって、まぜる
だけなんてびっくり
だワン♪

材料（2人分）

ごま油	大さじ2
ポン酢しょうゆ	大さじ1
白ごま	小さじ1

つくり方

器に材料をすべて入れ、まぜ合わせる。

にんじんドレッシング

材料（2人分）

にんじん	20g
★酢	大さじ½
★さとう	小さじ1
★塩	少し
★こしょう	1ふり
オリーブ油	大さじ1

つくり方

にんじんをおろし器ですりおろし、★とま
ぜ合わせる。オリーブ油を加え、さらにま
ぜ合わせる。

オーロラ風ドレッシング

材料（2人分）

マヨネーズ	大さじ1
トマトケチャップ	大さじ1
プレーンヨーグルト（無糖）	大さじ1

つくり方

器に材料をすべて入れ、まぜ合わせる。

キッチンメモ

おろし器の使い方

おろし器は平らな場所において使お
う。すべり止めがない場合は、ぬれ
ぶきんを下にしき、安定させてね。
野菜の水けをふき、しっかりにぎり、
円をえがくように動かしていくよ。

ゆでる

火を使って調理スタート！
ゆでるだけで、たまごや野菜が
おいしいメニューに大変身。

▶ ゆでる

ゆでたまご

ゆで時間を変えると、
たまごのかたさがいろいろ変化するよ。
サラダのトッピングにもピッタリ！

材料（2人分）

たまご ……………… 2こ

準備しておくこと

たまごは冷蔵庫から出して、30分くらい室温においておく。

つくり方

かたゆでたまごなら、ふっとうしてから10分だね。

1

転がすことで黄身が中心にくるよ。

強

なべにたまごを入れ、かぶるくらいの水を入れる。強火にかけ、たまごを静かに転がしながら、ふっとうするまでゆでる。

2

弱

止

ふっとうしたら弱火にし、10分くらいゆでたら火を止める。
☑ 火加減については27ページを見てね。

3

水を入れたボウルにうつして冷ます。

4

白身とうす皮の間に水分が入りこんで、ツルンとむきやすくなるよ。

からを平らなところに軽く当ててヒビを入れ、水につけながらむく。

キッチンメモ
とろとろ＆半熟たまごをつくってみよう！

	とろとろ	半熟	かたゆで
ふっとうしてからゆでる時間	**3**分	**5**分	**10**分

左の写真みたいにサラダにのせるとおしゃれだワン！

アレンジ

ミモザ風サラダ

ゆでたまごを半分に切って、白身と黄身に分ける（**a**）。白身をざるでこし、サラダにちらす。黄身も同じようにこし（**b**）、ちらす。
☑ サラダのつくり方は、8ページを見てね。

a

b

材料（4人分）

じゃがいも（大）	2こ（300g）
にんじん	¼本（50g）
きゅうり	½本（50g）
ロースハム	2枚（30g）
酢	小さじ1
塩	少々
こしょう	2ふり
マヨネーズ	大さじ3
塩（きゅうり用）	少し

 ▶ **ゆでる**

ポテトサラダ

具だくさんのポテサラ！
じゃがいもとにんじんを同時にゆでるのが
ポイントだよ。

つくり方

1

芽には有害な成分がふくまれているのでとりのぞこう（11ページ）。

じゃがいもは皮をむき8等分に切り、5分くらい水にさらす。にんじんは5mmはばのいちょう切りにする。

2

強

なべにじゃがいも、にんじんを入れ、かぶるくらいの水を入れて強火にかける。

3

竹ぐしをさしてスーッと通ったらOK！

中 → 止

ふっとうしたら中火にして10分くらいゆで、火を止める。ざるに上げて水けをきる。

4

なべをゆすると、水分が一気にとんでいくよ！

中 → 止

3をなべにもどし、ふたをしたら中火にかけ、なべをゆする。じゃがいもの表面に粉がふくまで水分をとばす。

粉がふいた状態

5

ボウルに**4**を入れ、熱いうちに木べらなどでじゃがいもをあらくつぶす。酢、塩、こしょうを加えて、まぜ合わせ、あら熱をとる。

6

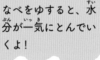

きゅうりはうすい輪切りにする。塩をまぶし5分くらいおき、水けをしぼる。ハムは半分に切り、さらに1.5cmはばに切る。

7

5のボウルに**6**とマヨネーズを入れ、まぜ合わせる。

▶ ゆでる

三色ナムル

ごま油を加えた特製のたれであえるだけ！
野菜もたっぷり食べられるね。

材料（3人分）

ほうれんそう	100g（約½束）
にんじん	⅕本（40g）
もやし	100g（½ふくろ）
★ごま油	大さじ½
★とりがらスープの素	小さじ⅓
★塩	少々
★白ごま	小さじ1

ゆでる

つくり方

ほうれんそうをゆでるときは、
アクをとばすために、
ふたをしないのが
きほんだよ。

1

ほうれんそうは流水でよく洗う。とくに根元は、ためた水の中で広げるようにしてしっかり洗う。

お湯がふっとうしてから、ほうれんそうを入れるよ!

強
●●●

中
●●●

2

なべにたっぷりの水を入れ、強火にかける。ふっとうしたら、ほうれんそうを根元から入れる。中火で1分くらいゆで、冷水にとる。

3

ほうれんそうのあら熱がとれたら、両手で水けをしぼる。

4

ほうれんそうは根元を切り落とし、3cmの長さに切る。にんじんは短冊切りにする。

もやしとにんじんもあら熱がとれたら、水けをきってね。

5

たい熱容器にもやし、にんじんを広げ、ラップをふんわりとかける。電子レンジ（600ワット）に2分30秒かけたら、ラップを外して冷ます。
⚠電子レンジからとり出すときは、ヤケドに注意しよう。

6

ボウルにほうれんそう、**5**、★を入れ、まぜ合わせる。

カラフルエッグをつくろう！

こんな色のたまごがあったらびっくりするね。食品で色をつけているから食べられるよ。

クイズ

ある食材を使って
ゆでたまごに色をつけているよ。
その食材はな～んだ？

材料 （各2こ分）

ゆでたまご ················ 6こ

〈イエロー〉
・カレー粉 ················ 大さじ½
・水 ················ 100mℓ（カップ½）

〈ブルー・むらさき〉
・むらさきキャベツ ··· 60g
・水 ················ 300mℓ（カップ1と½）
・レモン汁 ················ 小さじ1

用意するもの

ジッパーつき食品用ポリぶくろ

カラフルな色の
食材って
なんだろう？

つくり方

🥚 イエローエッグにチャレンジ

液につけておくほど、色がこくなるよ。好みの色になるまでつけてみてね。

1

ジッパーつき食品用ポリぶくろに、カレー粉と水を入れる。手でもむようにして、まぜ合わせる。

2

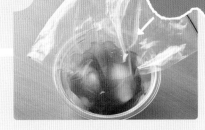

1にからをむいたゆでたまご2こを入れ、ふくろを閉じる。全体が液にひたるようにして、冷蔵庫で半日くらいおく。

3 ［ブルー］

一方のふくろにからをむいたゆでたまご2こを入れる。ふくろを閉じ、全体が液にひたるようにして、冷蔵庫で半日くらいおく。

🥚🥚 ブルー・むらさきエッグにチャレンジ

1

中
▼
止

むらさきキャベツはせん切りにし、なべに入れる。水を加え中火にかけ、ふっとうしたらそのまま3分くらいにる。火を止めて冷ます。

2

ボウルの上にざるを重ねる。1を流し入れて、こす。汁を2つのジッパーつき食品用ポリぶくろに均等に入れる。

3 ［むらさき］

もう一方のふくろには、からをむいたゆでたまご2こを入れ、レモン汁を加える。ふくろを閉じ、全体が液にひたるようにして、冷蔵庫で半日くらいおく。

恐竜エッグをつくるには？

ゆでたまごのから全体にスプーンでたたきながら細かいヒビを入れ、液につける。好みの色になったら、からをむく。

☑ 液のつくり方は、カラフルエッグと同じだよ。

答え

カレー粉、むらさきキャベツ、レモン汁が正解。むらさきキャベツにふくまれる色素は、に汁のpH（ピーエイチ）がアルカリ性にかたむくと青〜緑に、酸性にかたむくとピンク〜赤に色が変わるよ。たまごの白身は弱アルカリ性だから、汁にたまごを入れると白身は青〜緑に。レモン汁を加えると酸性になり、汁はピンク、白身はむらさきにそまったよ。

お湯から？ 水から？ この野菜どっちからゆでる？

じゃがいもは水からだけど、ほうれんそうはお湯からゆでていたね。
野菜によってゆで始めは変わってくるよ。上手に野菜をゆでるコツを覚えよう！

水からゆでる野菜

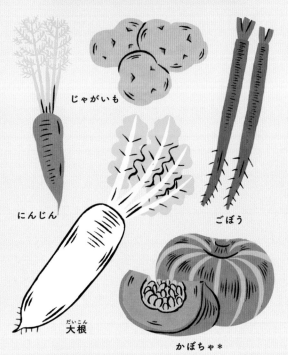

じゃがいも

にんじん

ごぼう

大根

かぼちゃ＊

お湯からゆでる野菜

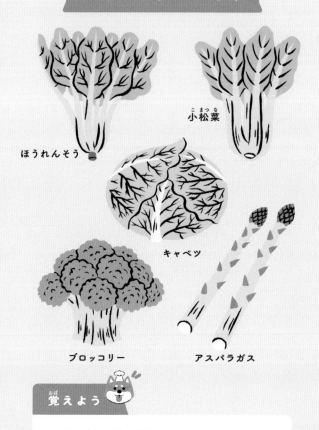

ほうれんそう

小松菜

キャベツ

ブロッコリー

アスパラガス

覚えよう

- 土の中で育つ野菜（いも類や根菜など）＝水からじっくりゆでる。
- 水からゆでることで、中まで均一に火を通すことができる。
- ＊かぼちゃは土の上で育つがでんぷん質が多いため、水からじっくりゆでたほうがおいしく仕上がる。

覚えよう

- 土の上に育つ野菜（葉物野菜やブロッコリーなど）＝お湯からさっとゆでる。
- 青菜やアスパラガスなどは、ゆで上がったら手早く冷水にとるのがポイント。すぐに冷やすことで、色よく仕上がる。
- キャベツ、ブロッコリーは、水にさらすと水っぽくなるので、ゆで上がったら、ざるに広げて冷ます。

焼く・いためる

焼いたり、いためたりして、火加減を上手に
調節できるように練習してみよう!

▶ 焼く

ミニホットドッグ

ウインナーをジュージュー焼いてみよう！
ホットドッグは朝食にもぴったりだね。

材料（2人分）

ロールパン	4こ
バター	大さじ½
ウインナーソーセージ	4本
グリーンリーフ（またはレタス）	1枚（40g）
トマトケチャップ	好きな量（大さじ1くらい）
サラダ油	小さじ1

つくり方

フライパンを使って
焼く練習だワン♪

1 ウインナーソーセージはななめに切りこみを5〜6か所入れる。

2 グリーンリーフは食べやすい大きさに手でちぎる。

ウインナーを入れてから火をつけると、油ハネを防げるよ。

中
↓
止

3 フライパンに油をひく。ウインナーソーセージを入れて中火にかけ、表面にうすい焼き色がつくまで2〜3分焼く。

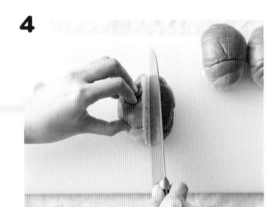

4 ロールパンにたてに切りこみを入れ、内側にバターをうすくぬる。**2**、**3**をはさみ、ケチャップをかける。

キッチンメモ

火加減の目安をチェック!

おいしい料理をつくるには火加減を上手に調節することが大切だよ！ つくり方に書いてある火加減を参考にしてね。

弱火
ほのおの高さが、コンロとなべの底の間の半分くらい。

中火
ほのおの先が、なべの底に当たるか当たらないかくらい。

強火
ほのおの先が、なべの底全体に当たっている状態。

❗火を使っているときは、ぜったいに目をはなさないようにしよう。

チーズオムレツ

ふわふわとろ〜りがおいしいね！
あこがれのオムレツをつくってみよう。

材料（1人分）

たまご	1こ
牛乳	小さじ1
塩	少し
こしょう	2ふり
バター	小さじ1
スライスチーズ	1枚
トマトケチャップ	大さじ½

用意するもの

小さめのフライパン（直径20cmくらい）
ぬき型（星形など）

つくり方

ふわとろに
仕上げるコツは、
火加減と火を止める
タイミング！

1

ボウルにたまごを割り入れ、ときほぐす。牛乳、塩、こしょうを入れてまぜ合わせる。

2

スライスチーズは星形に型ぬきをし、残りは手でちぎる。

3

とろとろの半熟状態

中
▼
止

フライパンにバターを入れ、中火にかける。バターがとけたら**1**を入れ、菜ばしで手早く大きくまぜ、半熟状になったら火を止める。

4

弱
▼
止

2のちぎったチーズを真ん中におき、再び火をつけ弱火にする。フライ返しをたまごの下にさし入れ、おく側を折る。手前側も同様に折り、形を整える。

5

オムレツをおく側によせる。片手に皿を持ち、フライパンを裏返すようにして盛りつける。ケチャップをかけ、**2**の星形のチーズをのせる。

フライパンの持ち手を下からにぎるとやりやすいよ。

ベビーリーフと
ミニトマトをそえると、
いろどりもグッド！

▶ いためる

焼きうどん

最後にしょうゆを回し入れるのがポイント！
けずり節としょうゆのかおりが
食欲をそそるね。

材料 （2人分）	
うどん（ゆで）	2玉（400g）
ベーコン	3枚（45g）
キャベツ	3〜4枚（150g）
たまねぎ	¼こ（50g）
ピーマン	1こ（30g）
にんじん	⅕本（40g）
サラダ油	大さじ1
塩	少々
こしょう	2ふり
水	大さじ3
しょうゆ	大さじ1
けずり節	好きな量

いためる

つくり方

次は、いためものに
ちょう戦だ！

1

たい熱容器にうどんを入れ、ラップ
をふんわりとかけ、電子レンジ（600
ワット）で2分温める。
⚡電子レンジからとり出すときは、
ヤケドに注意しよう。

2

ベーコンは3cmはばに切る。キャベ
ツはざく切り、たまねぎとピーマン
はうす切り、にんじんは短冊切りに
する。

油がなじんで野菜が
しんなりするまでい
ためてね。

3

中

フライパンに油をひき、たまねぎとにんじんを
入れ、中火にかける。

4

中

たまねぎの色が変わってきたらベーコン、ピー
マン、キャベツ、塩、こしょうを加え、いためる。

5

中

1と水を加え、めんをほぐしながら
水分がなくなるまでいためる。

6

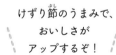

中
↓
止

しょうゆを回し入れ、全体になじむ
ようにいため合わせ、火を止める。
器に盛りつけ、けずり節をかける。

けずり節のうまみで、
おいしさが
アップするぞ！

31

たまご1こで ツイン目玉焼きをつくろう！

1つのたまごから、どうやって2つの目玉をつくるのか考えてみよう！

クイズ

1つのたまごを焼く前に ? すると、目玉が2つの目玉焼きがつくれるよ！
? とはな〜んだ？

材料（1人分）

たまご ……………………… 1こ
サラダ油 …………………… 小さじ½

準備しておくこと

たまごをからつきのまま冷とう庫に1日以上入れて、こおらせる。

つくり方

1
たまごを冷とう庫からとり出し、室温に30分くらいおく。たまごの表面を1か所軽くたたき、ヒビを入れて安定させる。

2
包丁でたまごをからごと半分に切る。
❷指を切らないように気をつけよう。

3
油をうすくひいたフライパンに**2**のたまごをのせ、からをとる。弱火で10分くらい焼く。

答え

焼く前に、たまごを「冷とう」してから半分に切ると、2つ目玉の目玉焼きがつくれるよ！

たまごをしっかりこおらせておくことがポイントだね。

にる

グツグツ、コトコト……がポイント。
じっくりにこんで、野菜や肉のうまみを引き出そう。

ポトフ

たっぷりの野菜をコトコトにこんだら、
おいしいスープのできあがり！
体もポカポカ温まるよ。

材料（2人分）

ウインナーソーセージ	4本
じゃがいも（大）	1こ（150g）
キャベツ	2枚（100g）
にんじん	¼本（50g）
たまねぎ	¼こ（50g）
ブロッコリー	60g
水	500ml（カップ2と½）
洋風スープの素	小さじ2
塩	小さじ¼
こしょう	2ふり

つくり方

ポトフって
意外と簡単！

1

じゃがいもは皮をむいて4等分に切り、5分くらい水にさらす。キャベツは大きめのざく切り、にんじんは1cmはばの輪切りにする。

2

たまねぎはしんを残したまま、くし形に切る。

しんを残して切ると、バラバラにならないね。

3

ブロッコリーは手でちぎるようにして、食べやすい大きさに分ける。
⚠太いくきがある場合は、かたいから気をつけて切り落としてね。

4

強
▼
中

なべに水、ブロッコリー以外の野菜、ウインナーソーセージ、洋風スープの素、塩、こしょうを入れ、強火にかける。ふっとうしてきたら中火にし、10分にる。

5

じゃがいもに竹ぐしをさしてスーッと通ったら、できあがりの合図だよ。

中

止

ブロッコリーを加え、じゃがいもがやわらかくなるまで3分くらいにる。

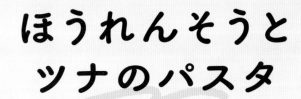

▶ **にる**

ほうれんそうと ツナのパスタ

おいしさのヒミツはトマトジュース！
簡単においしゃれなパスタができちゃうよ！

材料（2人分）

ペンネ（かんめん）＊ ············ 140g

ほうれんそう ················ 100g（約½束）

たまねぎ ················ ¼こ（50g）

ベーコン ················ 1枚（15g）

おろしにんにく（チューブ）

················ 3g（6cm分くらい）

オリーブ油 ················ 大さじ1

ツナ（かんづめ・フレーク）····· 1かん（70g）

☆トマトジュース（食塩不使用）

················ 200ml（カップ1）

☆トマトケチャップ ······ 大さじ2

☆水 ················ 500ml（カップ2と½）

☆塩 ················ 小さじ⅓

☆こしょう ················ 2ふり

粉チーズ ················ 好きな量

＊ゆで時間の表示が12分のものを使用。ゆで時間が異なるときは、**5**のにる時間をふくろに書かれた時間にしてね。

36

つくり方

ほうれんそうのくわしいゆで方は21ページを見てね。

1

ほうれんそうは強火でふっとうさせた湯に根元から入れ、中火で1分くらいゆで、冷水にとる。

強 ▼ 中

2

あら熱がとれたら、水けをしぼり根元を切り落とし、3cm長さに切る。

3

たまねぎはうす切り、ベーコンは1cmはばに切る。

4

フライパンにオリーブ油、にんにく、**3**を入れて弱めの中火にかけ、たまねぎが少ししんなりするまでいためる。

弱めの 中

5

ツナの汁には、うまみがギュッとつまっているよ。捨てずに使おう!

☆、ツナ（汁ごと）を加え、強火にし、ふっとうしてきたらペンネを入れる。ふたをして弱めの中火にし、12分くらいにる。

強 弱めの 中

6

フライパンを軽くゆすると水分がとびやすいよ。

ふたを外し、強めの中火で水分をとばすようにまぜながら、5分くらいにる。

強めの 中

7

ペンネが好みのかたさになったら、火を止める。**2**を入れ、まぜ合わせる。器に盛りつけ、粉チーズをかける。

止

水分がグッと減ったら、完成間近! こげないように注意して。

▶ **にる**

チキンカレー

骨つきのお肉を使って見映えもバッチリ！
じっくりにこむから、
お肉がホロホロやわらかいね。

材料（4人分）

とり手羽元	8本（450g）
塩	小さじ¼
こしょう	2ふり
たまねぎ	1と½こ（300g）
トマト	1こ（150g）
じゃがいも（大）	1こ（150g）
にんじん	½本（100g）
おろしにんにく（チューブ）	5g（10cm分くらい）
おろししょうが（チューブ）	5g（10cm分くらい）
サラダ油	大さじ2
水	1000mℓ（カップ5）
カレールウ（市はん・フレークタイプ）＊	100g
ごはん	茶わん4はい分

用意するもの

ぬき型（星形など）

＊メーカーによって、カレールウのこさが異なるよ。パッケージに書いてある4皿分のカレールウと水の分量を参考にして、水の分量を1.5〜2倍にしてね。

つくり方

骨つきのお肉を
多めの水でじっくり
時間をかけてにこむぞ！

1

とり手羽元に塩、こしょうをふり、手でもみこむようにして下味をつける。⚠生肉をさわった手や使った器はよく洗おう。

2

たまねぎはみじん切り、トマトは1cmの角切り、じゃがいもは皮をむいて12等分に切り、5分くらい水にさらす。にんじんは1cmはばの輪切りにし、星形に型ぬきをする。残りは細かく切る。

3

中

なべに油をひき、とり手羽元を入れて中火にかけ、表面に焼き色がつくまで焼く。

4

たまねぎはいためるほど、あまくなるよ！

中

2のたまねぎ、細かく切ったにんじん、にんにく、しょうがを入れ、たまねぎの色が変わるまで中火で5分くらいいためる。

にくずれしないように、じゃがいもは後から入れよう。

5

火を止めて、なべの温度を下げることで、ルウがとけやすくなるよ。

強
▼
中

水、トマトを加え強火にして、ふっとうしてきたら中火にして20分くらいにる。とちゅう、アクがういてきたらとりのぞく。

中
▼
止

6

2の星形のにんじんを加え10分くらいにこんだら、いったん火を止める。カレールウを加え、とけるまでまぜ合わせる。

7

中
▼
止

じゃがいもを入れて中火にかけ、ときどきかきまぜながら、じゃがいもがやわらかくなるまで15分くらいにる。器にごはんと盛りつける。

カッテージチーズをつくろう!

牛乳の変化に注目! 固まっていく様子をじっくり観察してみてね。

クイズ

温めた牛乳に、ある調味料を入れると
カッテージチーズがつくれるよ!
その調味料とはな〜んだ?

材料（3こ分）

牛乳 ……………………… 200mℓ（カップ1）
塩 …………………………… 少し
酢 …………………………… 大さじ1

用意するもの

キッチンペーパー

つくり方

1

なべに牛乳と塩を入れ、木べら
でまぜながら中火で温める。な
べのふちにフツフツとあわが出
てきたら火を止める。

2

酢を回し入れ、木べらで静かに
まぜ、モロモロしてきたらその
まま5分くらいおく。

3

ざるにキッチンペーパーをしき、
ボウルの上に重ねる。**2**を流し
入れてこす。30分くらいおき、
水けをきる。

答え

正解は酢。酢にふくまれる酸という成分は牛乳のたんぱく質を固
める働きがあるんだ。レモンなどの果汁でもつくれるよ。

はちみつをかけると、
おいしいデザートに
なるよ!

「料理のさしすせそ」ってなに？

調味料の文字を当てはめて、「料理のさしすせそ」と呼ばれているよ。
さて、なんの調味料のことを指しているかな？

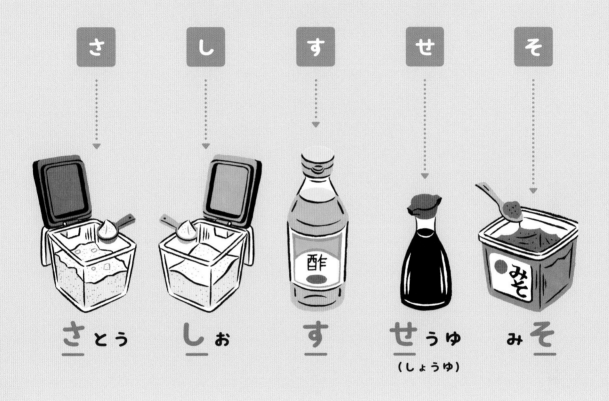

さ　し　す　せ　そ

<u>さ</u>とう　<u>し</u>ぉ　<u>す</u>　<u>せ</u>ぅゆ　み<u>そ</u>
（しょうゆ）

和食のきほんの調味料と
味つけの順番を表している「さしすせそ」

「料理のさしすせそ」は、和食で使われてきた料理用語のひとつ。さとう、塩、酢、しょうゆ、みそのきほんの調味料を表しているんだ。では、なぜしょうゆが「せ」なのかというと、昔は、しょうゆのことを「せうゆ」と書いていたから。また、に物などの和食をつくるときは、このさしすせその順番に調味料を入れることがポイント。さとうの分子は塩に比べて大きく、食材にしみこみにくいから、先に入れるんだ。また、さとうには、食材をやわらかくする力もあるよ。みそは、かおりがとばないように、最後に入れると覚えてね。レシピに調味料を入れる順番が書かれていないときは、このさしすせそを参考にして、味つけをしてみよう。

▶ チャレンジ

たらこスパゲッティ

☑つくり方は50ページを見てね。

チャレンジ レシピ

ステップ**1**〜**4**で覚えた料理のきほんやコツを使って、
さまざまなレシピにちょう戦してみよう！

▶ チャレンジ

ほうれんそうの パンキッシュ

☑つくり方は48ページを見てね。

▶ チャレンジ

肉じゃが

☑つくり方は52ページを見てね。

▶ チャレンジ

ハヤシライス

☑つくり方は54ページを見てね。

▶ チャレンジ

ナポリタン

☑つくり方は56ページを見てね。

▶ チャレンジ

ミートボール クリームソース

☑ つくり方は58ページを見てね。

ほうれんそうのパンキッシュ

食パンを使えば、簡単にキッシュがつくれるよ！
焼きたてアツアツのうちにめしあがれ。

レッツ トライ！

材料（直径9cmココット型3こ分）

食パン（サンドイッチ用）…………	6枚
ほうれんそう …………………………	50g（約¼束）
ベーコン ………………………………	1枚（15g）
コーン（かんづめ・ホール）………	20g
バター …………………………………	小さじ1
★ときたまご …………………………	1こ分
★牛乳 …………………………………	50mℓ（カップ¼）
★マヨネーズ …………………………	大さじ1
★粉チーズ ……………………………	大さじ1
★塩 ……………………………………	少々
★こしょう ……………………………	2ふり
バター（型にぬる用）………………	適量

用意するもの

たい熱のココット型（直径9cm）

準備しておくこと

オーブンを200℃に温めておく。

ほうれんそうのゆで方は、
21ページで覚えたね！

つくり方

1

ほうれんそうは強火でふっとうさせた湯に根元から入れ、中火で1分くらいゆで、冷水にとる。

強
▼
中

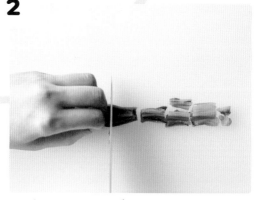

2

あら熱がとれたら、水けをしぼる。根元を切り落とし、2cm長さに切る。

3

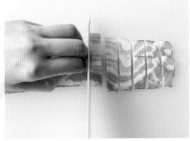

ベーコンは1cmはばに切る。

4

フライパンにバターを入れ、中火にかける。バターがとけたら**2**、**3**、コーンを入れ1〜2分いため、バットに広げて冷ます。

5

ボウルに★を入れてまぜ合わせ、卵液をつくる。

バターをぬることで、型から外しやすくなるよ。

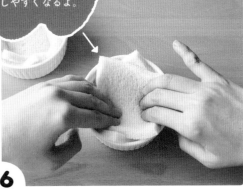

6

型の内側にバターをぬる。パンを2枚ずらしておき、指でおしこみながらしきつめる。

7

6に**4**の具材と**5**の卵液を、均等に入れる。

手でさわれるくらいまで冷ましてから、型から外すよ。

8

厚手の布を使って型を持ってね。

200℃に温めたオーブンで20分くらい焼く＊。焼き上がったら型から外し、皿に盛りつける。❶熱いからヤケドに注意しよう！

＊焼き時間は、様子を見ながら調節してね。

レッツ トライ！

▶ チャレンジ

たらこ スパゲッティ

ゆでたスパゲッティを
たらことあえるだけの簡単パスタ。
バターのコクでおいしさアップ！

材料（2人分）

スパゲッティ＊	180g
たらこ（生食用）	1腹（60g）
牛乳	大さじ6（90㎖）
バター	20g
しょうゆ	小さじ⅔
きざみのり	好きな量

＊スパゲッティは太さ1.6㎜、ゆで時間の表示が7分のものを使用。

スパゲッティの
きほんのゆで方を
教えるワン！

つくり方

1

うす皮を片手でおさえながら、中身をかき出すよ。

たらこのうす皮に包丁で切りこみを入れ、中身をスプーンでかき出す。

2

2人分の場合は、水の量2ℓに対して塩20g（大さじ1強）と覚えておこう！

なべにたっぷりの湯をわかし、塩（分量外、水の量の1%くらい）を入れる。

強 💧💧💧

ゆで時間は、ふくろに書かれている時間を目安にしてね。

3

中 💧💧💧

止 💧💧💧

スパゲッティがきれいに広がるよ。

スパゲッティを湯の上からパッと放し入れる。ときどき菜ばしでかきまぜながら中火で7分ゆでる。

4

ゆであがったスパゲッティをざるに上げ、水けをきる。
⚠ヤケドに注意しよう！

5

ボウルに牛乳、**1**を入れてまぜ合わせる。

6

スパゲッティが冷めないうちに、手早くまぜよう。

5にバター、しょうゆ、**4**のスパゲッティを入れ、からめながらまぜ合わせる。器に盛りつけ、きざみのりをのせる。

レッツ トライ！

肉じゃが

落としぶたを使えば、味がしっかりしみこむよ。
ホクホクのじゃがいもがおいしいね。

材料（3人分）

牛肉（うす切り）	200g
じゃがいも（大）	3こ（450g）
たまねぎ	1こ（200g）
にんじん	½本（100g）
サラダ油	大さじ1
水	300mℓ（カップ1と½）
酒	大さじ1
みりん	大さじ1
さとう	大さじ2
しょうゆ	大さじ2
グリンピース（かんづめ・水煮）	10g

用意するもの

クッキングシート＊（落としぶた用）

＊フライパンのサイズよりも一回り大きい正方形に
切っておく。

落としぶたって
何かわかるかな？

つくり方

乱切りとは、ふぞろいの
形に切る方法。大きさは
そろえるのがコツ。

油が全体に回るよ
うにいためてね。

1

牛肉は5〜6cmはばに切る。
❶生肉をさわった手や使った包丁、
まな板はよく洗おう。

2

じゃがいもは皮をむき4等分に切り、
10分くらい水にさらす。たまねぎは
8等分のくし形に切り、にんじんは
乱切りにする。

3

中

フライパンに油をひき、**2**のじゃが
いも、たまねぎ、にんじんを入れ、
中火で3分くらいいためる。

4

中
▼
強

1の牛肉を加え、さらにいためる。肉の色が変わり始めたら水を入れて強火にする。

5

中

ふっとうしてきたら中火にして酒、みりん、さとうを入れ、5分くらいにる。とちゅう、アクをとりのぞく。

❹ 調味料の酒は、おとなの人がいるときに使用してね。

6

落としぶたについては、キッチンメモをチェック！

中

しょうゆを入れたら落としぶたをのせる。じゃがいもがやわらかくなるまで10〜12分にる。

7

中
▼
止

落としぶたをとり、グリンピースを加え、ひとに立ちしたら火を止める。

キッチンメモ

落としぶたってなに？

材料に直接のせるふたのこと。に汁が少なくてもムラなく全体に行きわたり、味がなじみやすくなるよ。落としぶたがないときや、フライパンで調理するときは、クッキングシートで代用してね。

落としぶたのつくり方

1 クッキングシートを三角形になるように半分に折る。さらにもう2回折ったら、短い一辺を写真のように折る。

2 点線部分を切り落とし、広げる。

☑ ★の部分の長さがフライパンの半径より少し小さくなるように切ってね。

レッツ トライ！

▶ チャレンジ

ハヤシライス

洋食屋さんの味をおうちで再現！
たまねぎのあまみとトマトの酸味で、コクのある味わいに。

材料（3人分）

牛肉（こま切れ）	200g
たまねぎ	1こ（200g）
しめじ	50g
バター	20g
はく力粉	大さじ2
★トマトの水煮（かんづめ・カットタイプ）	½かん（200g）
★ウスターソース	大さじ2
★トマトケチャップ	大さじ1
★洋風スープの素	小さじ2
★さとう	小さじ½
★水	200㎖（カップ1）
パセリ	好きな量
ごはん	茶わん3ばい分

フライパン
1つでつくれる
なんてびっくり！

つくり方

1

牛肉は大きいものがあれば、3〜4cmはばに切る。
🔥生肉をさわった手や使った包丁、まな板はよく洗おう。

2

せんいに対して垂直に切ると、火が通りやすいよ。

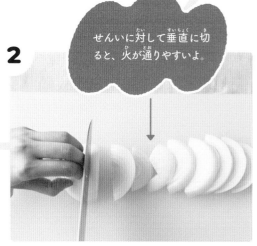

たまねぎはたて半分に切り、平らな面を下にして横向きにおく。はしから1cmはばに切る。しめじは根元を切り落とし、ほぐしておく。

たまねぎの色がとうめいになるまでじっくりいためてね！

3
なべにバターを入れ中火にかけ、たまねぎを加え、いためる。

4
牛肉、しめじを加え、肉の色が変わるまでいためる。

5
はく力粉をふり入れ、粉っぽさがなくなるまでさらにいためる。

はく力粉がダマにならないように、しっかりいためよう。

とろみがついたら火を止めよう！

6
5に★を加え弱火にする。ときどきかきまぜながらとろみがつくまで10分くらいにる。

お皿に盛りつけ、パセリをちぎってごはんにのせたらでき上がり〜

レッツトライ！

▶ **チャレンジ**

ナポリタン

みんな大好きナポリタン♪
ケチャップのまろやかなコクが口いっぱいに広がります。

材料（2人分）

スパゲッティ ＊	180g
バター	小さじ2
ウインナーソーセージ	3本
たまねぎ	½こ（100g）
ピーマン	1こ（30g）
にんじん	⅕本（40g）
サラダ油	大さじ1
牛乳	大さじ1
トマトケチャップ	大さじ4
塩	少し
こしょう	2ふり
粉チーズ	好きな量（大さじ2くらい）

＊スパゲッティは太さ1.6mm、ゆで時間の表示が7分のものを使用。ゆで時間は、ふくろに書かれている時間を目安にしてね。

スパゲッティをゆでるのはボクにまかせて！

つくり方

1

ウインナーソーセージはななめ切り、たまねぎはうす切り、ピーマンは輪切り、にんじんは短冊切りにする。

2

2人分の場合は、水の量2ℓに対して塩20g（大さじ1強）だったね！

強 ▼ 中

なべにたっぷりの湯をわかし、塩（分量外、水の量の1%くらい）を入れる。スパゲッティを入れ、ときどき菜ばしでかきまぜながら、中火で7分ゆでる。

3

火を止め、ゆで汁を玉じゃくし1ぱい分（約50ml）とり分ける。

バターをからめておけば、めん同士がくっつくのを防いでくれるよ。

4

ゆであがったスパゲッティをざるに上げ、水けをきり、バターをからめる。

5

フライパンに油をひき1を入れ、中火にかける。野菜がしんなりするまでいためる。

ケチャップをいためると、味がまろやかになるよ！

6

フライパンの真ん中をあけ、牛乳、ケチャップ、塩、こしょうを加え、軽くいためる。

7

ゆで汁を加えることで、めんとケチャップソースがよくなじみ、おいしさもアップ。

4のスパゲッティを入れたら、3のゆで汁を加え、ほぐすようにいため合わせる。

お皿に盛りつけたら、お好みで粉チーズをかけてめしあがれ！

ミートボール クリームソース

ふっくらジューシーなミートボール。
手づくりのクリームソースでおしゃれな一品に。

レッツトライ！

材料（3人分）

合いびき肉	200g
たまねぎ	¼こ（50g）
パン粉	カップ½（20g）
牛乳	50mℓ（カップ¼）
はく力粉	小さじ2
ときたまご	½こ分
塩	小さじ¼
こしょう	2ふり
バター	20g
水	100mℓ（カップ½）
★生クリーム	100mℓ（カップ½）
★ウスターソース	小さじ1
★洋風スープの素	小さじ⅓
パセリ	好きな量

つくり方

1

たまねぎはみじん切りにし、たい熱容器に入れる。ラップをふんわりとかけ、電子レンジ（600ワット）に1分30秒かける。ラップを外し、あら熱をとる。

2

パン粉と牛乳を合わせ、10分くらいおく。バットの上に、はく力粉小さじ1をうすくふっておく。

3

ひき肉をねるようにまぜると、ふわふわの食感になるよ！

ボウルに合いびき肉、**1**、**2**、ときたまご、塩、こしょうを入れまぜる。

4

手にくっつくときは手を水でぬらして丸めてね。

3を15等分して丸め、**2**のバットの上におく。
🅕 生肉をさわった手や使ったボウルはよく洗おう。

5

はく力粉小さじ1を茶こしなどで上からふるう。バットをゆすって全体にまぶす。

バットを前後に軽くゆすってね。

6

中 ▼ 止 ▼ 中

フライパンにバターを入れて中火にかける。バターがとけたら火を止め、**5**をならべる。中火にかけ、ときどき転がしながら表面に焼き色がつくまで5分くらい焼く。

7

中 止

水を加えふたをし、3分蒸し焼きにしたら、いったんミートボールをとり出す。

8

弱 止

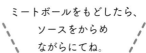

フライパンに★を入れ弱火にかける。とろみがついたらミートボールをもどし入れ、1分くらいにる。器に盛りつけ、手でちぎったパセリをちらす。

ミートボールをもどしたら、ソースをからめながらにてね。

覚えておくと役に立つ
料理用語をチェック！

レシピの中に登場する代表的な料理用語をしょうかいするよ！
わからない言葉が出てきたら、ここをチェックしてね。

料理独特の言葉が
たくさんあるね！

かぶるくらいの水

なべに材料と水を入れたときに、材料がちょうどかくれるくらいの水の量。

水にさらす

じゃがいもやなすなどのアクをぬくために、水にしばらくつけること。

あら熱をとる

アツアツの状態から、手でさわれるくらいまで冷ますこと。

冷水にとる

ゆでた野菜やたまごなどを、冷たい水にひたして冷ますこと。青菜などは、水にひたすことでアクをぬいたり、色よく仕上げたりする効果がある。

ラップをふんわりとかける

ラップをして電子レンジにかけるときは、水蒸気の通り道をつくるようにラップをふんわりとかける。ぴっちりラップをしてしまうと、水蒸気のにげ場がなくなり、ラップがはれつしてしまう場合があるので注意する。

水けをしぼる

ゆでた野菜など、手やキッチンペーパーなどを使って、ぎゅっとしぼりながら水分をとること。

水けをきる

ざるに上げたり、キッチンペーパーなどでふいたりして、材料の水分をとること。

ざるでこす

に汁や卵液などをざるに通し、液体と固形物に分けたり、かすやダマなどをとりのぞいたりすること。また、ゆでたまごなどを目の細かいざるに通し、細かくすることもざるでこすという。

油をひく

フライパンやなべに油を入れ、表面全体にぬり広げること。

下味をつける

あらかじめ材料に塩やこしょうをなじませたり、調味料につけこんだりして味をうすくしみこませておくこと。また、下味をつけることで、魚や肉などのくさみをぬく効果もある。

分量外

材料に書かれているもの以外に使用する材料や分量のこと。主に塩や水、油などで用いることが多い。

アクをとる

肉や野菜をにたり、ゆでたりするときに表面にういてくる白や茶色っぽいあわやかたまり（アク）を、あみじゃくしや玉じゃくしなどでとりのぞくこと。

ひとに立ち

に汁を軽くふっとうさせたら、ひと呼吸おくこと。

回し入れる

調味料やたまごを全体に行きわたらせるように、円をえがくように加えること。

ゆで汁

食材をゆでたときに残った汁のこと。スパゲッティなどでは、ゆで汁を調理に使うこともある。

蒸し焼き

フライパンにふたをしたり、アルミはくでつつんだりして、食材の水分が蒸発しないように加熱する調理法。ふっくらとジューシーに仕上げることができる。

キッチンメモ

料理の後は かたづけ上手を目指そう！

計量スプーンやおなべは、よごれたままになっていないかな？
かたづけのコツを覚えて、ちらかったキッチンをきれいに整えよう。

コツ 1

フライパンやなべ、計量スプーンなど使った調理器具は、食器用洗ざいをつけてしっかり洗おう。ベトベトした油やよごれがついているときは、ぬるま湯を使うときれいに落ちるよ。

コツ 2

きれいになった調理器具や食器は、かわいたふきんでしっかりふいておこう。かわいたら、元にあった場所にもどすことも忘れずに！

コツ 3

調理台やテーブルがよごれていたり、ぬれたりしていたら、かたくしぼったぬれぶきんでしっかりふいて、きれいにしよう。

完成した料理をテーブルに
ならべていると、
買い物からお母さんとお父さんが
帰ってきました。

「すごくいいにおいがする！」
「だれがつくったの?」
とおどろくふたりに、得意げなボク。
「ボクがつくったんだよ。クック先生と
　マロンといっしょに……」
と言いかけたしゅんかん、クック先生が
スッと目の前から消えてしまいました。
庭に出てみると、マロンは小屋で
すやすやとお昼ねをしています。

不思議な気持ちにつつまれながら、ふと
エプロンのポケットに手を入れてみると、
そこには、クック先生に教えてもらった
レシピが書かれた
大切なノートがありました。

おわり

料理監修

佐々森典恵（ささもり のりえ）

管理栄養士、料理研究家。女子栄養大学卒業。高齢者施設の管理栄養士として勤務後、戸板女子短期大学、および武蔵野調理師専門学校で非常勤講師を務める。2017年よりEテレ「ゴー！ゴー！キッチン戦隊クックルン」の料理監修を担当。子どもが楽しく、安全に「食」を学び実践できるさまざまなレシピを、栄養学にもとづきながら提案している。つくりやすさや見た目のかわいさが印象的なレシピには定評がある。

アートディレクション／細山田光宣
デザイン／藤井保奈、柏倉美地（細山田デザイン事務所）
撮影／福尾美雪
スタイリング／西森 萌
イラスト／たじまなおと
調理アシスタント／能登ひとみ、矢澤藍子
撮影協力／UTUWA
校正／ケイズオフィス
DTP／ドルフィン
編集協力／河村美穂（埼玉大学 教育学部 生活創造講座家庭科分野 教授）
　　　　　西岡里奈（東京学芸大学附属小金井小学校 教諭）
編集／鴨志田倫子、平野陽子（NHK出版）

10歳からのキッチンの教科書 1
簡単 おいしい はじめてレシピ

2020年11月20日　第1刷発行
2022年 2 月 5 日　第3刷発行

編者 …………… NHK出版
　　　　　　　©2020 NHK出版

発行者 ………… 土井成紀

発行所 ………… NHK出版
　　　　　　　〒150-8081　東京都渋谷区宇田川町41-1
　　　　　　　電話　0570-009-321（問い合わせ）
　　　　　　　　　　0570-000-321（注文）
　　　　　　　ホームページ https://www.nhk-book.co.jp
　　　　　　　振替 00110-1-49701

印刷・製本 …… 共同印刷